Das gemeinsame „E-Mail-Tagebuch"

von Lukas aus Nigeria und Moni aus Bayern,

eine humane Menschenverbindung.

Moni Bachmann-Wagner

Ideelle Friedenskünstlerin, Stilpluralistin

Veröffentlichung: 2019

Autorin und Illustratorin: Moni Bachmann-Wagner

Herstellung und Verlag: BoD – Books on Demand, Norderstedt

ISBN 978-3-7481-7570-4

Urheberrecht beachten!

Mein Traum:

Digitalisierung – für den Weltfrieden

Es wäre so einfach -

E-Mails-Schreiben! Von Mensch zu Mensch!

80 Millionen deutsche Bürger standen 2015

800 Tausend Flüchtlingen gegenüber.

Übernähme z. B. nur jeder 100. Deutsche eine

„E-Mail-Patenschaft" für nur einen Flüchtling in den

unsäglichen ANKER-Zentren,

wäre dies eine Globalisierung von Mensch zu Mensch –

ohne lästige Formulare, dafür mit viel Einfühlungsvermögen!

Breitbandausbau für die Menschlichkeit!!!

Bitte kopieren Sie meine Idee!

Das bedeutet - kein „Patent" auf Humanität!

Ihre ideelle Friedenskünstlerin Moni Bachmann-Wagner

Vorwort:

Das E-Mail-Tagebuch zwischen Lukas aus Nigeria und Moni aus Bayern ist meine „Anleitung zum Glücklichsein". Werden auch Sie „Pate" von einem Menschen, z. B. aus dem ANKER-Zentrum. Das ist der Strohhalm zu lieben, empathischen Menschen. Warum sollten meine „Frieden-Mails" an Politiker (Kunstprojekt: Bilderkette für den inneren Frieden) – nicht den Flüchtlingen selbst – noch fruchtbarer helfen? Nun gebe ich den Flüchtlingen meinen, persönlichen, humanen „ANKER".

Oft sind simple Ideen – mit Herz umgesetzt, die besten!

Seit 2015 helfe ich einzelnen Flüchtlingen, mit einfachen Mitteln, ehrenamtlich. (Mein eigenes, kleines Curriculum finden sie im Buch:

„Ja, ich bin ehrenamtlich, nicht blöd")

Die armen Neuankömmlinge sind entwurzelt, traumatisiert und von Heimweh geplagt.

Da ich Oma dreier Enkel bin, kann ich nachvollziehen, wie sehr die zurückgebliebenen Omas, Opas, Mama, Papas… fehlen. Das Smartphone ist nun die einzige Verbindung in die verlorene Heimat.

Als selbsternannte deutsche „Ersatzoma" bin ich Platzhalter für bessere Zeiten – also die „Moni-Oma".

Meine eigenen Großeltern und Eltern waren 1948 auch Kriegsvertriebene gewesen. Ihre lebenslange, nicht aufgelöste Traumatisierung, erlebte ich hautnah, bis zu deren Tod – 2012 und 2014. Dies ist ein Vermächtnis.

Die letzten Lebensjahre verbrachten meine Eltern im „betreuten Wohnen" in einem Seniorenheim in Waldkraiburg – an das ich nun Lukas – für eine Ausbildung als Altenpfleger – vermittelt habe.

Meine Idee: Lukas und ich teilen uns täglich, per E-Mail, in einer Art Tagebuch, gegenseitig, unsere Erlebnisse mit.
Ursprünglich wollte ich Lukas nur eine Plattform bieten, die deutsche Sprache auch schriftlich zu üben. Nun ist viel mehr daraus geworden.

Bitte – bereichern auch Sie ihr Leben durch Nachahmung positiver Dinge! So viel könnten wir, alle, dadurch von fremden Gepflogenheiten lernen. Wir müssen nicht ständig, durch umweltschädliche Urlaube, vor uns selbst fliehen…
Einfach gemütlich am Sofa sitzen und „Frieden-Mails" mit Flüchtlingen austauschen. Das ist eine globalisierte Menschenverbindung, die glücklich macht und finanzielle Gier vermissen lässt.

Doch Vorsicht!

Auch ehrenamtliche Helfer, wie ich, können nicht die ganze Welt retten. Aber im Gegensatz zur Waffenindustrie lassen sie Geldgier vermissen und bemühen sich um Schadensbegrenzung gesellschaftlicher Fehler. Obwohl sie nicht für den Bombenabwurf verantwortlich waren, setzen sie sich für Lebensrettung ein...
Mir persönlich helfen Worte aus der Bibel:
„Amen, ich sage euch: Was ihr für einen meiner geringsten Brüder getan habt, das habt ihr mir getan.“

In der Schule lehrte ich, dass wir stets für unser Handeln selbst einstehen müssen.
Wie ein Lehrer seine große Verantwortung, für die Schützlinge, durch gründliche Vorbereitung übernehmen muss – ist es auch Aufgabe der Familie und der Politik, sich genau die Kausalität aller Entscheidungen zu überlegen.

„Wir schaffen das!“ Ist schon eine gute Aufmunterung (2015 für die verzweifelten Menschen am Budapester Bahnhof), doch wäre es besser gewesen, <u>schon im Vorfeld</u>, unser Grundgesetz im Auge zu behalten:

- Wer viel Geld mit Umweltzerstörung verdient, muss natürlich, wenigstens, Rücklagen für die Schadensbeseitigung bilden.
- Wer Waffen liefert, sollte nicht komplette Produktionsstätten ins Ausland verlegen, um die eigene Tötungsabsicht an andere Länder abzuwälzen.
- Es ist keine Strafe Gottes, wenn wir wieder in Zeiten einer großen Völkerwanderung leben, sondern es ist das Ergebnis unserer eigenen Lebensweise.

Ist das Kind aber bereits in den Brunnen gefallen, erwarte ich, wenigstens, von unserem Leben in Wohlstand einen Teil abzugeben. Damit meine ich aber nicht, mich über schwache Flüchtlinge zu „erheben“.
<u>Traumatisierte gehören nicht in die Hände von Laien, sondern von Profis.</u>
Nie werde ich vergessen, wie ein traumatisierter junger Mann, aus Afghanistan, in Tränen ausbrach, als ein Ehrenamtlicher nach dessen schrecklichen Kriegserfahrungen „bohrte“...

Dass wir in Deutschland dabei sind, die Gräuel des 2. Weltkriegs zu „vergessen“, können wir, täglich, bei „Demonstrationen“ des rechten Mobs beobachten...
Übernehmen wir endlich Verantwortung für eine Welt, die <u>allen</u> gehört!

Ihre ideelle Friedenskünstlerin Moni Bachmann-Wagner

Wie lernte ich den wunderbaren Lukas kennen?

Als ideelle Friedens-Künstlerin liegt mir auch die Religion sehr am Herzen.

Christlich, als Katholikin erzogen, wollte ich erst einmal meinen eigenen Horizont erweitern.
2007 ernannte ich die evangelische Immanuel-Kirche, in Ampfing, zu einer, von acht Kunst-Friedensstätten.

Wie das genau funktioniert, ist in meinen Kunst-Katalogen beschrieben.
Einfach googeln: Moni Bachmann-Wagner –

„Mein Leben für Gerechtigkeit".

Die Folge davon ist: Ich nehme, in 14-tägigem Turnus, an den Gottesdiensten der evangelischen Kirche in Ampfing, sowie der katholischen Kirche – Christkönig – in Waldkraiburg, teil.
Das ist mein eigenes, ökumenisches Leben.
Ziel: Die Wiedervereinigung der christlichen Kirchen in gegenseitiger Achtung und Bescheidenheit.

| 15.Juli 2018 | Gottesdienst in der Christkönigskirche, Waldkraiburg |

Angespornt durch den unsäglichen, erzwungenen, „Kreuzerlass" wollte ich mir ein eigenes Bild machen.
Wie stellen sich die wahren Christen, im Kirchengebäude, selbst dar?
Natürlich sah ich sofort Flüchtlinge aus Afrika. Um Platz brauchte ich mich nicht zu sorgen. Vor diesen armen Menschen, neben ihnen, hinter ihnen, gähnende Leere.
Dies zog mich magisch an. Ich lächelte freundlich und die schwarzen Jungs standen auf und boten mir einen Sitz an.
Die Liturgie stellten ihnen andere empathische Flüchtlingshelfer, (auf einen Zettel geschrieben), zur Verfügung.
Nun konnten die Neuankömmlinge dem Zeremoniell in englischer Sprache folgen. Nach dem Gottesdienst trennten sich unsere Wege wieder.

| 15. August 2018 | Gottesdienst in der Christkönigskirche |

Erste Annäherung: Ich fragte nach dem Namen meines Banknachbarn:
„Lukas" – welch eine Freude. Für mich als „Namensspezialist" merkbar.
Das Gesangsbuch hatte ich vergessen. Lukas sah es sofort und besorgte mir eines. In Eintracht dankten wir Gott mit bestmöglichem Gesang…
Dies war der Beginn unserer empathischen Freundschaft.

Ein Wunder ist geschehen!

Ein Pater, aus dem Orden der Pallottiner, rief mich an und teilte mir mit, dass er Lukas` Familie, aus seiner früheren Missionar-Tätigkeit in Nigeria kenne...

Überglücklich gab ich das Mirakel an meinen „Heimatfreund" weiter, dem Psychoanalytiker, Herrn Dr. Hopf, geboren in Nordböhmen (wie meine Ahnen).

Herr Dr. Hopf antwortete mir in seiner E-Mail am 03.11.2018:

„Ihre Begegnung mit Lukas ist eine sehr schöne Geschichte! Die müssen Sie so aufschreiben, wie von Ihnen geschildert. Welch ein Zufall, dass Sie auch den Pater kennenlernten, der im Heimatdorf von Lukas gewirkt hat. Manchmal glaube ich nicht an Zufall, sondern an das, was C.G.Jung mit Synchronizität beschrieben hat: Das sind Zusammenhänge, die nicht kausal, sondern seelisch bestimmt sind."

Weiter geht es mit der üblichen Flüchtlingsintegration. Die Caritas rief - in der Kirche - zur Herbstsammlung auf und lud die anwesenden Gläubigen zum Stehempfang, in den Pfarrsaal, ein.

Ich lächelte meinen Freund Lukas an: „Wollen wir teilnehmen?" „Gerne!"

Wir verbrachten eine Stunde angeregter Unterhaltung mit der „Lokal-politik" und leckeren Schnittchen.

Pater, Herr H. teilte mir mit, dass Lukas in Nigeria, an der Uni Wirtschafts-wissenschaften studiert habe. Mir dagegen hatte mein neuer Freund nur bescheiden gesagt, dass er Altenpfleger werden wolle...

Gut - meine Verbindung zu einem Seniorenheim sollte nun nützlich sein.

Lebenspraktisch: „Lukas, die Deutschen lieben es, Kaffee und Kuchen einzunehmen. Wollen wir dies im Speisesaal deines neuen Wirkungs-platzes gleich einmal ausprobieren?" „Gerne."

Lukas hat ein freundliches, einnehmendes Wesen...

Obwohl er schon sehr gut deutsch spricht, schlage ich ihm vor, zusätzlich, mit mir **schriftlich** zu kommunizieren.

Das gemeinsame „E-Mail-Tagebuch" erblickte das Licht der Welt!

Wie sagte doch mein pazifistischer, leidgeprüfter Großvater, August Helzel, immer zu mir? (Hat in zwei Weltkriegen Besitz und Reputation verloren.) „Wo ein Wille, da ein Weg!"

Opa`s unbeugsame Kraft habe ich in folgenden Büchern nachgewiesen: Bitte googeln Sie: „Die geretteten Dokumente…" (vor dem 2. Weltkrieg) sowie „Exemplarisch aufgezeigt: Integration von Kriegsflüchtlingen"(nach dem 2. Weltkrieg).

Das gemeinsame E-Mail-Tagebuch

von Lukas aus Nigeria und Moni aus Bayern beginnt am 15.10.2018.

Betreff: Abschiebungsmitteilung an meinen Schützling aus Afrika

Meine Meinung: Die Erde gehört allen, die darauf leben!

Lieber Lukas, 05.10.2018, 9.03 Uhr
heute, um 13 Uhr denke ich fest an dich.
Die Gerechtigkeit wird siegen.
Liebe Grüße von der Moni-Oma

Amen 15.10.2018, 12.06 Uhr
Guten Tag liebe Moni-Oma
Sorry für die späte Antwort, ich war im Unterricht.
Vielen Dank und Gott segne dich.

Lieber Lukas,
viel Glück und Gottes Segen für deinen Termin. 15.10.2018, 13.29 Uhr
Teile mir bitte mit, wann du ins Seniorenheim gehen willst.

Ich bin gerade mit meinem Anwalt fertig und bin schon 15.10.2018, 15.24 Uhr
an der Bushaltestelle.
Können wir bitte bis 16:00 Uhr gehen?

Lieber Lukas, ich bin um 16.15 beim Haupteingang 15.10.2018, 15.37 Uhr
an der Seite.
LG Moni

Okay 15.10.2018, 15.47 Uhr
Können wir jetzt gehen? Ich laufe dort hin.

Lukas will Altenpfleger werden und wir treffen uns vor dem Seniorenheim.

- Vor dem Eingang des Seniorenheimes begrüßen wir uns mit Umarmung.
- An der Rezeption empfängt uns die herzliche Frau W., die ich aus früherer Zeit kenne, als meine Eltern noch hier wohnten. Sie schlägt sofort vor, einen Termin mit den Chefs zu vereinbaren.
- Lukas und ich gehen in den Speisesaal des Seniorenheimes. Fröhlich werden wir von der Mitarbeiterin M., an der Theke, begrüßt. Wir bestellen uns leckere, selbstgebackene Schwarzwälder Kirschtorte und Tee.
- Gerührt sitzen wir an demselben Tischchen, an welchem ich einst mit meinen Eltern speiste… Alles war so vertraut.

Da Lukas nun mit den Örtlichkeiten seiner neuen Wirkungsstätte bekannt ist, steht einem Vorstellungsgespräch - am 25.10.2018 - nichts mehr im Wege.

- Ich begleite ihn zurück in die Erstaufnahmeeinrichtung. Er zeigt mir den Computerraum - von „Freiraum 36" - einer Begegnungsstätte des Arbeitskreises Asyl. Wunderbar!

Mir schießt eine neue Idee in den Kopf: „Lukas, möchtest du die E-Mail-Adresse mit Mohammad, meinem schon „etablierten" Flüchtlingsbub austauschen?" „Gerne!"

Da jetzt sowieso die Allerheiligenferien kommen, ist es eine gute Möglichkeit, dass sich Afghanistan mit Nigeria „verbrüdert".

Mohammad ist mein Dolmetscherbub aus dem Unterricht in der EAE Peters. Googeln Sie bitte meine Bücher: „Im Vergleich – Kriegs-Flüchtlinge 1948, meine Familie, Kriegs-Flüchtlinge 2016, afghanische und syrische Kinder", sowie: „Ja, ich bin ehrenamtlich, nicht blöd!"

Abends schicke ich die nächste E-Mail an Lukas.

Lieber Lukas   15.10.2018, 18.12 Uhr
ich freu mich auf nächste Woche!
Im Anhang die zwei kleinen Buben meiner Tochter Natalie
und das Patenkind Mamadou von meiner Tochter Bianca.
Es wird gut werden.
Liebe Grüße an Herrn N..
Moni-Oma

Beeindruckend,   15.10.2018, 22.48 Uhr
das ist ein schönes, fröhliches Foto.
Von Lukas.

Liebe Oma   22.10.2018, 17,21 Uhr
Hier wünscht Lukas dir das Beste für die Woche und
erinnert dich auch an unseren Termin am 25.10.
Ich hoffe, es geht dir gut?
Danke und Gott segne dich.

Lieber Lukas,   22.10.2018, 17.35 Uhr
vielen Dank für deine guten Wünsche. Natürlich vergesse ich
den Termin am 25.Oktober nicht.
Ich werde pünktlich um 16.00 Uhr da sein. Sogar etwas früher,
dann können wir kurz bei Frisörin Alexandra vorbeischauen. Es ist
der kleine Laden gegenüber vom Haupteingang des Seniorenheimes.

Alles Gute, bis Donnerstag!
Liebe Grüße von der Moni-Oma

Wie versprochen, habe ich deinen Text etwas berichtigt. Ich
unterstreiche diese Stellen einfach. Wir korrigieren uns einfach gegenseitig.
Das ist für beide gut, schließlich bin ich schon zwölf Jahre nicht mehr in der
Schule. Da hat sich bestimmt schon viel geändert.
(Ich wäre glücklich, könnte ich deine Sprache so gut!)

Vielen Dank, liebe Moni-Oma,   23.10.2018, 17.30 Uhr
Lukas lächelt. Aber du hast immer noch die
Lehrfähigkeiten in dir.
Vielen Dank,
von Lukas.

Oh, du schmeichelst mir! Freu mich auf Donnerstag,   23.10.2018,18.15 Uhr
LG Moni

Ich schätze deine Bemühungen um meine Besserung,   25.10.2018, 22.47 Uhr
Moni-Oma, und ich bete, dass Gott jeden unserer Pläne
vervollkommnet, Amen
Vielen Dank Oma und Gott segne dich,
Ekene Lukas

> **Nun bemühen wir uns um eine Praktikumserlaubnis der Regierung**

Liebe Moni-Oma   26.10.2018, 9.34 Uhr
Guten Morgen und wie geht es dir heute?
Ich habe mit Mr. N. gesprochen.
Das ist, was er gesagt hat:
1) dass ich nach München gehen muss, um eine Genehmigung zu bekommen, und
ich sollte ihnen sagen, dass ich keinen Polizeifall habe, und ich kann deutsch
sprechen, und ich schlug vor, mit einem Empfehlungsbrief von meinem Lehrer zu
gehen.
2) dass ich auch mit dem Altenheim sprechen kann, damit sie mir einen Brief
geben können, der auf mein freiwilliges Training hinweist, dass es klappen wird.
Was denkst du? Soll ich auch mit meinem Lehrer heute sprechen?
Von Ekene Lukas

Lieber Lukas,   26.10.2018, 11.25 Uhr

- Sehr gut, dass du mit Herrn N. gesprochen hast. Du kannst ihn immer von mir grüßen.
- Ein Empfehlungsbrief von deinem Lehrer ist auch super.
- Sage bitte Herrn F. vom Seniorenheim, dass du gerne am <u>Montag, den 05.11.2018 um 15.00</u> anfangen möchtest.
- Wenn Du eine Woche dort gewesen bist, werden dir Herr F. und die Altenpflegerinnen sagen, was dann am besten zu tun wäre.

Also: erst Herrn F. anrufen und ihm mitteilen, dass du am Montag, den 05.11.2018 zu ihm kommst.
Seine Telefonnummer ist: 08638/   Wenn er nicht da wäre, geht Frau W. ans Telefon. Der kannst du auch sagen, wann du kommst. Sie wird es Herrn F. mitteilen.

Am Sonntag sehen wir uns in der Kirche.
Liebe Grüße von der Moni-Oma

P.S.: Du schreibst besser als viele Deutsche!! In deinem Text ist kein einziger Fehler - Gratulation!

Lieber Lukas, Gott ist mit uns.   26.10.2018, 11.35 Uhr
Meine Großeltern gewannen, während ihrer Flucht,
viel Kraft durch ihren Glauben an Gott. Sie gründeten sogar
eine Bunkerkirche in Aschau-Werk – St. Josef.
Leih dir von Herrn N. mein Buch aus: „Im Vergleich-
Kriegsflüchtlinge 1948 – meine Familie, Kriegsflüchtlinge 2016 -
afghanische und syrische Kinder.
Nur Mut. Gemeinsam sind wir stark.
Gott gibt uns Kraft.
LG, Moni-Oma

Liebe Moni-Oma,
ich habe mit Herrn N. heute wieder gesprochen, und er sagte,
dass ich eine Ausbildung machen könnte, aber ich muss zuerst
mit einem Praktikum beginnen. Das heißt sozusagen, dass alles
gut gehen wird.
Danke…Moni-Oma…danke vielmals.
Gott segne dich, schönen Tag…
Ekene Lukas

Die Vernetzung meines ehemaligen Dolmetscherbuben Mohammad, aus Afghanistan (lebt nun in Mühldorf) mit Lukas aus Nigeria, EAE.

Lieber Mohammad   28.10.2018, 8.21 Uhr
Heute treffe ich Lukas in der Kirche. Er ist erst zehn Monate in Deutschland
und kann schon gut deutsch schreiben - so wie du.

Wenn du willst, können wir uns gegenseitig unsere Rechtschreibung verbessern. (Hihi, auch ich bin nicht mehr auf dem neuesten Stand und lerne gern von euch. Menschlich und grammatikalisch!)

Wenn du willst, frage ich heute Lukas, ob er, besonders in den Ferien, Lust hat, mit dir zu schreiben. (Er ist ein sehr lieber Mensch, hat in Nigeria Wirtschaftswissenschaften studiert, will aber in Deutschland als Altenpfleger arbeiten.)
Und stell dir vor, ein Pater der Pallottiner, war letzte Woche in der Kirche und sagte mir, dass er Lukas` Familie persönlich kennengelernt hatte, als er in Afrika als Missionar gearbeitet hatte...

Bis bald, liebe Grüße an deine Familie
von eurer Moni-Oma

Lieber Mohammad   28.10.2018, 12.14 Uhr
Lukas freut sich sehr über den Kontakt zu dir.
Vielleicht könntet ihr euch in den Ferien mal im Computerzimmer in Waldkraiburg treffen?
Das ist gegenüber von "Peters" im Erdgeschoss - rechts hinten - "Freiraum 36"

Einen schönen Sonntag!
Liebe Grüße von der Moni-Oma

Liebe Moni-Oma   30.10.2018, 17.36 Uhr

Wie geht es dir heute?
Ich hoffe alles bei dir ist in Ordnung?
Ich habe mit Herr F. gesprochen, dass ich am Montag
das Training beginnen werde.
Danke und alles Gute...
Ekene Lukas

Lieber Lukas,   30.10.2018, 17.37 Uhr
schön, dass du am Montag mit dem Training anfangen kannst.
Ich gebe dir die Adresse von Mohammad, dann kannst du mit
ihm ein Treffen vereinbaren.
Einen schönen Abend wünscht dir Moni-Oma

Gut, danke für die E-Mail-Adresse,   30.10.2018, 18.56 Uhr
ich schreibe ihm sofort.
Schönen Abend....
Ekene Lukas.

Mohammad antwortet: Hallo, ja ich habe heute ein E-Mail von Lukas bekommen. Ich würde mich auch gerne mit ihm treffen. Er ist sehr nett und freundlich.

Lieber Ekene-Lukas (In Deutschland hat man   01.11.2018, 10.35 Uhr
gerne Doppelnamen.) Es macht so große Freude zu sehen,
wie gut unsere Welt sein kann.
Einen schönen Feiertag, Allerheiligen –
wünscht dir Moni-Oma

Guten Morgen,   04.11.2018, 8.33 Uhr

lieber Ekene- Lukas sollen wir uns morgen um 14.45 Uhr noch
einmal vor dem Senioren-Wohnheim treffen? Wir könnten uns
dem Herrn B. vorstellen und den Altenpflegerinnen im 1. Stock.

Einen schönen Sonntag wünscht dir Moni-Oma

Das ist eine gute Idee Oma,   04.11.2018, 13.49 Uhr
frohen Sonntag, Moni-Oma
Gott segne dich.
...Lukas

Lieber Lukas, ich freue mich, dich   04.11.2018, 16.45 Uhr
morgen um 14.45 Uhr zu treffen.
Herzliche Grüße von der Moni-Oma

Das Vergnügen ist mein, Oma   04.11.2018, 23.11 Uhr
hab eine gute Nachtruhe.
bis morgen.
......Lukas

Betreff: Waldkraiburg ist nicht Deutschland   (vermehrt Hetze gegen Ausländer)

Lieber Lukas,   05.11.2018, 18.02 Uhr
ich wollte dir sagen, dass in Waldkraiburg 80 verschiedene
Nationen leben und dass die vielen unterschiedlichen Menschen, besonders die aus
Russland und Osteuropa sehr neidvoll sind. Auch viele der Altenpfleger kommen aus
Polen, Tschechien und Rumänien. Auch ihnen habe ich in den 1980er Jahren, als sie
nach Deutschland kamen, geholfen. Nur haben es viele vergessen und wollen nicht
teilen. Jedenfalls gehen wir zwei den Weg der Integration. Und wenn alte, demente
Leute einmal nicht nett zu dir sind, ist es oft nur Demenz oder Angst vor dem
Fremden.
Wir Menschen haben alle nur eine Chance, wenn wir die Welt in gemeinsamer
Achtung und Respekt bewohnen.

Du kannst dich immer auf mich verlassen,
es grüßt dich Moni-Oma

Ja Oma.   05.11.21.40 Uhr
Vater Peter H. sagte, dass die Leute, die hier in Waldkraiburg
wohnen, nicht deutscher sind.
Heute war okay, aber sie fragen, ob ich morgen um 16:45Uhr
kommen kann - dass 15:00 Uhr nicht besser für mich ist.
Ich werde morgen mit Herr N. reden, ob es möglich für mich ist,
eine Essenkarte zu bekommen, dann werde ich um fünf Uhr gehen
um viel zu lernen.
Was denkst du Moni-Oma?
Ich kann nicht dir genug danken, but ich werde immer für dich beten.
Gott Segne dich immer.
.......Lukas

Lieber Lukas,   06.11.2018, 6.37 Uhr
schau, wir haben uns getroffen, obwohl so viele Menschen –
bedingt durch die politische Verunsicherung - Angst haben.
Sie gehen nicht in die Kirche und haben keine Werte für positives,
menschliches Zusammenleben. Wir zwei werden Vorbild sein.
Von 15.00 bis 17.00 ist Besuchszeit oder Nachmittagspause –
da kannst du nicht so viel lernen. Ab 17.00 bereiten die Altenpfleger
die Heimbewohner für den Abend vor. Deshalb ist es besser, wenn
du diese Zeit wählst.

> Das E-Mail-Tagebuch ist ideal, einfach, in deutscher Sprache zu kommunizieren.

Du bist sehr sprachbegabt. Lustiger Weise hast du, genauso wie ich,
Probleme mit der Satzstellung. (Bei mir ist es durch den Dialekt meiner
Eltern bedingt.)
Ich unterstreiche einfach im Text die Stellen, wo ich den Satzbau etwas
verändert habe. Hast du eine bessere Idee?
Gott wird uns beschützen,
Moni-Oma

Guten Morgen meine Oma, wie geht es dir heute,   06.11.2018, 8.29 Uhr
hoffe es geht dir gut?
Ja, der 17:00 Termin ist besser und ich werde es auf diese Zeit ändern.
Gott wird uns anleiten, ein Beispiel zu sein, dem andere folgen werden, Amen
Ich habe meine Fehler notiert, vielen Dank...schönen Tag!

Betreff: Die Ureinwohner Amerikas sind die Indianer. Hoffentlich muss Trump nicht nach Deutschland zurück...

Lieber Lukas, du bist wunderbar!   06.11.2018, 10.28 Uhr
Heute fahre ich nach München und passe auf meine kleinen
Enkelkinder auf.

Lustig ist, dass Nikias seinem griechischen Papa ähnlich sieht
und Finn meiner Tochter. Die Welt ist doch eine wunderbare, bunte Mischung!

Es könnte alles so schön und einfach sein! Trump sagte jedoch gestern, dass er keine
Fremden mehr in das Land lassen will und alle Nicht-Amerikaner das Land verlassen
müssen. Da hat er, durch seinen deutschen Großvater, schlechte Karten. Außerdem
vergaß er, dass die Ureinwohner Amerikas die Indianer sind...
Vielleicht besucht er doch einmal den Geschichtsunterricht!
Bis bald, deine Moni-Oma

Danke Oma!   06.11.2018, 21.46 Uhr
Nikias hat dein Gesicht, du hast sehr schöne Enkelkinder.
Trump spricht immer schlecht über andere Rassen, aber diese
Wahl wird es besser machen. Heute war alles sehr gut.
Oma, ich mag die Arbeit, und es wird mit der Zeit besser, und
ich werde morgen um 14:00 Uhr gehen.
Meine Grüße auch an deine Enkelkinder und die Eltern.
Wann willst du zurückkommen?
Ich wünsche dir eine gute Nachtruhe.
von Lukas...

Gratulation! Nach nur 10 Monaten Deutschunterricht - heute kein einziger Fehler -
unglaublich!!

Guten Morgen, lieber Lukas.   07.11.2018, 8.42 Uhr
Wenn ich auf meine Enkel in München aufpasse, komme ich
am Abend erst um 21.00 Uhr nachhause.
Interessant finde ich, dass du eine Ähnlichkeit zwischen Nikias
und mir feststellst. Ich dachte, er gehe mehr in die Richtung
seines griechischen Papas. Nikias heißt in der deutschen Sprache Nikolaus.

Lukas, habe Geduld mit der Arbeit! Lass dich nie verunsichern - die Pflege der alten
Menschen wird immer wichtiger werden. Und du bist ein liebevoller Mensch. Wer alte
Leute nicht ehrt, kann sich jetzt schon vorstellen, wie es ihm selbst einmal ergehen
wird.
Außerdem werden wir den - Menschen mit Vorurteilen - beweisen, dass man sich mit
der Seele eines Menschen befassen muss und nicht mit seiner Hautfarbe. Das gelingt
aber nur, wenn wir uns gegenseitig ins Gesicht schauen und uns respektieren.
Meine Ahnen waren im 2. Weltkrieg Pazifisten und verfolgt. Von Ihnen habe ich
gelernt, dass niemand besser ist. Alle Menschen haben nur dann eine gute Zukunft,
wenn sie sich vertragen.

Super - Trump hat das Repräsentantenhaus verloren!
Leider fallen seine Anhänger auf die, gut auswendig gelernten, Sätze ihres
Präsidenten herein. Warum sollte ein Milliardär ein Herz für Arme haben, wo er doch
immer mit seinem Reichtum prahlt? Er missbraucht seine Wähler nur als "Stimmvieh".

Lieber Lukas, einen sonnigen Tag - vom Wetter her und in deinem Herzen -
wünscht dir Moni-Oma

Ich bin schon wieder da und habe den Freiraum geöffnet. 07.11.2018, 17.11 Uhr
Heute ist im Altenheim Bildungstag, deshalb hatte ich nichts zu tun, aber sie
sagten (meine Kollegen) dass ich sollte den Chef anrufen, um zu wissen, wann
ich als nächstes Mal kommen kann, und Frau J. wird auch mit dem Chef reden.
Ist Herr F. der Chef? Soll ich ihm anrufen?
Gute Reise meine Oma.
...Lukas

Lieber Lukas,   07.11.2018, 18.12 Uhr
Herr F.. ist der oberste Chef (für alles) im Seniorenheim.
Er hat die Telefonnummer 08638 ....
Herr B., ist der Chef der Altenpfleger: 08638........... Er teilt eure Arbeit ein.
Willst du wissen, wann du eingeteilt bist, ruf bitte Herrn B. an.
Es wäre gut, wenn du die Telefonnummern immer auf einem Zettel bei dir hast.

Du machst es schon richtig!
Gute Nacht wünscht dir Moni-Oma

Vielen Dank, meine Oma   07.11.2018, 20.33 Uhr
Ich werde ihn morgen anrufen, hoffe,
morgen ist es gut, anzurufen?
ich hoffe du bist jetzt zurück.
Willkommen und eine gute Nachtruhe.
...Lukas

> ## Betreff: Du kannst mich immer anrufen!

Hallo, lieber Lukas, ich denke,   07.11.2018, 23.09 Uhr
dass du ab 8.30 Uhr Herrn B. gut erreichst. (Telefon: 08638 / ....)
Er wird dir sagen, wann du am günstigsten kommen kannst.
Sag ihm bitte einen lieben Gruß von Frau Bachmann-Wagner, danke.

Du brauchst dir nie Sorgen zu machen, mich aufzuwecken. Ich schalte
den Computer in der Nacht aus und checke die Mails morgens, mittags und abends.
Schreiben kannst du mir also immer, wenn du etwas auf dem Herzen hast und
loswerden willst. Also rund um die Uhr.
Schlaf gut! Gemeinsam sind wir stark.
Moni-Oma

Nett, danke meine Oma, danke vielmals Moni-Oma   08.11.2018, 14.45 Uhr
guten Tag! wie geht es dir heute?
Ich habe Herrn B. angerufen und auch gesprochen,
so gehe ich dort um halb fünf hin.
Ich sagte ihm, dass ich die Arbeit mag.
Ich schreibe dir wenn ich wieder zu Hause bin.
Schönen Tag.
...Lukas

Hallo, Lukas, das hast du prima gemacht!   08.11.2018, 17.39 Uhr
Zuverlässigkeit wird von deutschen Arbeitgebern sehr geschätzt!
Neben dem Schwesternzimmer, im 1. Stock, wohnt die liebe Frau S.
Sie war auch Flüchtling aus dem Ort Kreibitz, wie meine Eltern.
Ich mag sie sehr gerne und werde sie nächste Woche besuchen.
Wenn du ihr begegnest, kannst du sie gerne von der Moni grüßen.
Heute Abend, um 19.00 Uhr, bin ich in der Kirchenchorprobe.
Liebe Grüße von der Moni-Oma

Oma!...
Ich habe mit Herrn B. geredet, aber ich möchte es dir auf Englisch
erklären und übersetze es später, darf ich es bitte tun?
Danke... Ich mache es schon.

Hallo, lieber Lukas - ich und englisch? –
das kann ja heiter werden...
Wir können es ab 21.00 Uhr trotzdem versuchen. (Du weißt schon, bin im
Kirchenchor!)
Telefonierst du noch manchmal mit Herrn Pater H.? Grüß ihn bitte von mir, danke.
Deine Moni-Oma

Danke Oma!
Ich möchte zur Kirche kommen - für uns zu treffen, darf ich kommen?
Ja, ich spreche mit Vater Peter, jeden Tag, er macht jetzt eine
Klausurtagung, ich werde es tun.
Du bist die beste Oma!
...Lukas

Lieber Lukas, jetzt geht es nicht, da ich die
Mozartmesse üben muss.
Am Sonntag sehen wir uns in der Kirche.

Das ist gut meine Oma.   08.11.2018, 23.24 Uhr
Wir werden uns am Sonntag treffen.
 schlaf gut.
...Lukas

Da das Englisch der deutschen „Ersatzoma-Moni" sehr holprig ist,
macht ihr Lukas die große Freude, das englische Telefonat zu
übersetzen.

Ja, Oma! Ich habe mit Herrn B. gesprochen:
1) Er hat mich nach der Arbeit gefragt und ich habe ihm gesagt, dass ich sie mag,
dass ich mich für Menschen interessieren würde.

17

2) Er fragte nach der Erlaubnis der Regierung, und ich überreichte ihm meinen Personalausweis. Ich sagte ihm auch, dass ich mit Mr. N. gesprochen habe und ich das Praktikum machen darf.

3) Er hat mich gefragt, was ich machen möchte, und ich habe ihm gesagt, dass ich Altenpfleger werden will, dass ich Wirtschaftswissenschaften, an der Universität, studiert habe, aber ich trotzdem zuerst mit dem Training im Seniorenheim beginnen möchte.

4) Er sagte, dass ich nicht viel von ihnen lernen kann, dass es eine größere Schule in Mühldorf gibt, aber ich sagte ihm, dass die Fahrkartenkosten zu teuer sein werden.

5) Er sprach über den Zeitpunkt des Trainings, das morgens besser wäre. Ich sagte ihm, dass mein Sprachunterricht, in der EAE, Ende Dezember abends und nicht mehr am Vormittag wäre. Dann könnte ich im Januar jederzeit ins Seniorenheim kommen.

6) Er schlug vor, dass ich im Januar anfangen könnte, aber ich sagte ihm, dass ich sofort anfangen möchte - nach dem Sprachunterricht.

7) Er sagte, ich solle nächsten Montag um 16:00 Uhr kommen und dass er mit seinem Kollegen, Herr F. und den anderen, besprechen wird, was sie für mich tun können und was auch ich tun kann.
Das ist die Diskussion, was denkst du Oma?

Ein Millionen Dank Moni-Oma
...Lukas

Lukas, ich bin sprachlos! Du hast, nach nur 10 Monaten Sprachunterricht, die Punkte so hervorragend aufgelistet, dass deine Eltern unendlich stolz sein können, einen so wunderbaren Sohn zu haben.
Du bist ein großer Gewinn für unsere Gesellschaft!
Gott zeichnet deinen Lebensweg Schritt für Schritt vor. Du brauchst ihn nur zu gehen.
Gute Nacht wünscht dir Moni-Oma

Lächelt.   08.11.2018, 23.40 Uhr
ich versuche mein Bestes, ich möchte gute deutsche
Sprachkenntnisse haben,
danke...
Gott Segne dich.
...Lukas

Lieber Lukas,
deine Sprachkenntnisse sind jetzt schon genial!
Gott segne dich!

Die Kosten der Bahnfahrten nach Mühldorf würden problematisch sein.

Guten Morgen, lieber Lukas, ich wünsche dir   09.11.2018, 7.39 Uhr
einen humanen Tag.
Vielleicht könntest du auch mal im Freiraum mit Herrn F. vom Arbeitskreis Asyl
sprechen? Er hat bestimmt eine Idee, dir deine Fahrt nach Mühldorf zu ermöglichen.
Gemeinsam sind wir stark!
Deine Moni-Oma

Guten Morgen und wie geht`s meiner Oma heute?
Okay, ich werde mit Herrn F. sprechen, aber was werde ich mit ihm besprechen?
Mein Verkehrsmittel nach Mühldorf? Oder soll ich ihm alle erklären?
Berate mich bitte, du bist die Oma mit vielen Erfahrungen. Seine Bürozeit ist von
9:00 bis 11:00 freitags.

Lieber Lukas, ich habe gründlich nachgedacht.   09.11.2018, 7.48 Uhr

Herr F. ist <u>eine</u> Möglichkeit von vielen. Momentan, meiner Meinung nach, tatsächlich
zu früh. Warte ab.

Wie das im Leben immer so ist: Gott hat dir Verstand und Herz geschenkt. <u>Du musst
nichts übereilen.</u> Gehe in das Seniorenheim. Mit deinem liebevollen Wesen wirst du
den alten Menschen und Gott gerecht werden.
Meine Freundin, die liebe Frau H., wohnt im 1. Stock, neben dem Schwesternzimmer
und hat es im Leben sehr schwer gehabt. Sie war 1946 auch ein Flüchtlingskind
gewesen - hat ihren Sohn und ihren Mann verloren. <u>Sie wird sich über dich sehr
freuen.</u> Dies ist der Sinn des Lebens. Ich habe mich auch gegen Karriere entschieden.
Nächstenliebe, für die Ärmsten der Welt, ist der bessere Lohn. Viel wichtiger als alles
Geld der Welt.
Lukas, schön, dass du mein Enkel aus Nigeria bist,
deine Moni-Oma

Lukas, dein Enkel ist schon wieder da!

…darum sagte ich, dass du die Oma bist, mit   10.11.2018, 9.10 Uhr
immer guten Beratungen, sehr am Punkt.
Gott Segne dich Oma.
Gute Nachtruhe meine Oma.
...Lukas

Guten Morgen, ach Lukas, du bist eine so wunderbare   10.11.2018, 9.31 Uhr
Lebensbereicherung! Freue mich schon, wenn wir morgen –
in der Kirche - wieder gemeinsam singen und Gott ehren.
Er wird uns immer die nötige Lebenskraft schenken,
bis morgen, Moni-Oma

Vernetzung zu meinem afghanischen Freund nach Mühldorf:

Lieber Mohammad,   10.11.2018, 17.49 Uhr
wenn es euch recht ist, würde ich euch am Montag wieder einmal besuchen.
Morgen treffe ich Lukas in der Kirche. Schauen wir doch, wie es meinen Freunden so geht.
Grüß bitte deine Familie von mir, danke.
Herzliche Grüße von deiner Moni-Oma

Mein lieber, ehemaliger Dolmetscherbub aus Afghanistan meldet sich.

Hallo,   10.11.2018, 23.20 Uhr
Ja, natürlich kannst du uns am Montag besuchen kommen.
Wir würden uns sehr freuen. Richte Lukas bitte liebe Grüße von mir aus.
Schönen Sonntag,
LG Mohammad

Klasse, lieber Mohammad,   11.11.2018. 9.17 Uhr
ihr seid meine Freunde!
Im Grunde ist es so einfach, ein wenig behilflich zu sein. Mit Lukas schreibe ich jetzt ein "E-Mail-Tagebuch". (Eine Erfindung von mir.)
Wenn du willst, mache ich es bei unseren Mails auch so, dass ich, falls etwas auszubessern wäre, es mit Unterstreichen kennzeichne.
Da ich schon zwölf Jahre nicht mehr in der Schule arbeite, kannst du in meinem Text ebenso ausbessern, danke.
Werde deine Grüße dem Lukas übermitteln. Habt ihr euch eigentlich schon mal im Computerraum, in Waldkraiburg, getroffen?
Freu mich auf morgen.
LG. Moni-Oma

Unsere „globalisierte" Freundschaft

Lieber Lukas, heute fahre im zum Singen   12.11.2018, 14.07 Uhr
in den Chor nach Mühldorf. Schau mal, was
Mohammad geschrieben hat.
Deine Moni-Oma

Beeindruckend!   12.11.2018, 17.18 Uhr
Zusammenleben von Europa, Afrika und Asien!
Moni-Oma hat alles möglich gemacht.
Das ist sehr gut von Mohammed, wir haben auch in e-mails
diskutiert.
Ich grüße ihn und seine Familie.
Ich schreibe dir später was ich mit Herrn B. diskutiert habe.
Wie geht´s meine Oma heute?
...Lukas

Ja Oma,   12.11.2018, 19.55 Uhr

Ich habe mit Herrn B. diskutiert, hier sind die Dinge, die wir besprochen haben:

1) Er sagte, nachdem er mit seinen Kollegen diskutiert hat, dass sie momentan keinen Assistenten brauchten, aber der Januar wird besser sein. Grund dafür ist, dass das Jahr schnell zu Ende geht.

2) Er sagte, dass die Schule in Mühldorf besser für mich ist, aber ich sagte ihm, dass ich zuerst mit Praktikum beginnen muss.

3) Er sagte, ich brauche B2, um mit dem Training zu beginnen, und ich sagte ihm, dass Informationen, die ich aus dem Internet erhalten habe, B1 bedeuten. Er sagte auch, dass ich mein Deutsch verbessern muss, aber ich sagte ihm, dass mein Deutsch besser wird, wenn ich mit Menschen arbeite. Ich spreche nur Englisch und meine Muttersprache zu Hause.

4) Er gab mir seinen Zusatzausweis und sagte, dass ich - offiziell vom BAMF - im Januar starten darf, aber ich sagte ihm, dass ich jetzt anfangen möchte, da ich nach dem Unterricht zu wenig beschäftigt bin.

Er sucht auch nach jemandem, der mich im Sprechen trainieren kann.

Das ist nur eine Zusammenfassung dessen, was wir besprochen haben.

was denkst du?

Gibt es eine Rolle, die Pater. H spielen kann?

Vielen Dank meine Oma und Gott segne dich.

...Lukas

Lieber Lukas,   12.11.2018, 23.26 Uhr

ich weiß nur, dass kurz vor dir einem Altenpfleger, namens A. die Aufenthaltsgenehmigung (vom BAMF) entzogen worden ist. Er arbeitete auch im Seniorenheim. Vielleicht überlegt deshalb Herr B. etwas länger?

zu 1) Januar würde ich auf keinen Fall ablehnen. Ich merke jetzt schon deinen großen Fortschritt beim Schreiben - gegenüber unseren anfänglichen E-Mails.

zu 2) Ist in Mühldorf überhaupt eine Altenpflegeschule oder ist das Ausbildung für Krankenpfleger?

zu 3) Deine Logik hat Recht. Nur durch Sprechen bekommst du Übung.

zu 4) Wer soll das sein, dich beim Sprechen zu fördern? Ich z. B. hätte sogar ehrenamtlich die Möglichkeit, alten Menschen vorzulesen oder mich z. B. mit ihnen über ihr Leben zu unterhalten. Das wäre z. B. eine gute Überbrückung bis Januar. Meine Freundin Frau S. würde sich sehr freuen, mit dir zu sprechen. Wollen wir uns mal mit H. verabreden?

Wir werden auf alle Fälle hartnäckig bleiben. Da habe ich gute Übung!!

Pater H. ist natürlich auch eine prima Idee. Im Berufsbildungswerk Waldwinkel sind die Salesianer Don Boscos. Das sind nur ca. 8 km Entfernung von Waldkraiburg - es gehört zu Aschau am Inn.

Sie bilden Flüchtlinge aus.

Auch wäre es hilfreich, wenn Pater H. z. B. mit Pater S. Kontakt aufnehmen könnte.

Als mein Papa noch lebte, war er Ausbilder im Berufsbildungswerk.

Meine Mama hat immer gesagt: Wenn sich eine Tür schließt, geht eine neue auf.

Gute Nacht und bleib immer zuversichtlich! Deine Moni-Oma

Unser wöchentlicher Treffpunkt für gepflegte, deutsche Konversation

Lieber Lukas   13.11.2018, 9.40 Uhr
Vorschlag: Jeden Dienstag werde ich um 15.00 Uhr
(in Waldkraiburg im Speisesaal des Seniorenheimes)
sein.
Da können wir nun Unterhaltung pflegen. Lustig - Goethe nahm, in Weimar, auch
immer an Literaturzirkeln - der Frau Charlotte von Stein - teil.

Heute, um 15.00 werde ich da sein. Damit unsere Kehle nicht austrocknet, bist du zum
Tee eingeladen.
Freu mich auf dich, Moni-Oma

Guten Tag meine Oma   13.11.2018. 12.39 Uhr

Wie geht es dir heute?
Ja, Frau J. hat mir von A. erzählt.
Über die Schule in Mühldorf werde ich nachforschen.
Danke für die Einladung, Oma, aber ich muss das blaue Haus heute um 15.00 Uhr
öffnen. Kann ich bitte nächste Woche vorbereiten?
Ich möchte Frau H. gerne treffen, Ist der Dezember okay?
Ich werde Pater P. schreiben, aber ich möchte gerne Krankenpfleger werden.
Danke meine Oma
Danke vielmals Moni-Oma
...Lukas

Hallo, lieber Lukas   13.11.2018, 14.34 Uhr
was ist das blaue Haus?
Lukas, wenn du Krankenpfleger werden willst, musst du nach Mühldorf ins
Krankenhaus, nicht ins Seniorenheim. Das war wohl ein Missverständnis?
Unser heutiges Treffen wäre dazu gedacht, dass du sprechen übst. Ich habe unsere
E-Mails als Buch vorbereitet. Diesen Text könntest du dann laut lesen.
Ich werde jetzt trotzdem zu H. in den Speisesaal gehen und Kaffee und Kuchen
einnehmen... hihi - du weißt schon.
Alles wird gut,
deine Moni-Oma

Oma,   13.11.2018 15.11 Uhr
bitte akzeptiere meine Entschuldigung, vergiss nicht, dass ich dein Enkel bin.
Ich arbeite ehrenamtlich mit Aslplus zusammen, für Leute, die Deutsch lernen
möchten, hat mein Assistent einen Termin.
Die Internetklasse ist im Freiraum36
Gott segne dich meine Oma
...Lukas

Hallo Lukas, du sprichst in Rätseln   13.11.2018, 17.15 Uhr.

- Was ist bitte Aslplus?
- Ist dein Assistent Herr B.?
- Was ist das blaue Haus?
- Willst du alte Menschen pflegen oder Kranke im Krankenhaus?

Einen schönen Abend wünscht dir Moni-Oma

                                                        13.11.2018, 22.17 Uhr

1) Asyl Plus ist ein Computerunterricht für den Deutschunterricht.
Es kann auf der Website www.asylplus.de abgerufen werden.
Asyl Plus stellt den Teilnehmern, nach 20-maliger Teilnahme, ein Zertifikat aus,
und ich habe im April ein eigenes Zertifikat erhalten.
2) Nein meine Oma. In den Sommerferien bemerkte ich, dass das Deutsch, das
ich im Unterricht lernte, mich verlassen hatte, also dachte ich darüber nach, was
ich dagegen tun sollte. Damals ging ich zu Frau A. und sie empfahl mir, mich für
den internetbasierten Unterricht zu entscheiden. Wenige Wochen später wurde
mir der Schlüssel, zu diesem blauen Haus (freiraum36), übergeben.
3) Es tut mir leid, dass ich dir den Namen "Blue House" nicht erklärt hatte.
4) Altenpfleger und Krankenpfleger sind fast gleich und sie befinden sich im
Pflegebereich. Ich möchte mich gerne um alte Menschen kümmern.
Ich werde gerne alte Menschen pflegen.
Ich kann dir nicht genug danken, Oma.
Schöne Nacht.
...Lukas

Guten Morgen,   14.11.2018, 8.01 Uhr
lieber Lukas, vielen Dank für deine Informationen. Super, dass du dir bei Asyl Plus
selbständig weiter geholfen hast. So habe ich es in meinem Leben auch immer
gemacht.

**Selbst, wenn ich deinen Text gut verstehe, wollen wir perfektionieren! Also, ich
habe jene Sätze unterstrichen, die ich ein wenig "umgestellt" habe.**

Mein Vorschlag für die Zukunft: Unsere E-Mails drucke ich aus... und wenn du Zeit
und Lust hast, können wir im Seniorenheim (Bei mir ginge es immer am Dienstag um
15.00 Uhr) eine Stunde zur "Konversation" frei nehmen.
Liebtest du es nicht, alte Menschen zu pflegen, würden wir wenig Freude aneinander
haben. Von alten Menschen kann man Lebensweisheit lernen. Das fand ich schon
immer spannend.
Viel Freude, wünscht dir Moni-Oma

P.S.: Fehler oder eine nicht so günstige Satzstellung findest du nicht mehr, da es
didaktisch ungünstig ist, Fehler zu "konservieren". Deshalb habe ich einige Stellen
unterstrichen. Das ist schon die Optimierung. Mohammad war gestern im Fitness (Für
das Gymnasium lernt er außergewöhnlich fleißig. Auch in den Allerheiligen-Ferien hat
er wieder bei "Peters" geholfen.) Mit seiner Mama habe ich mich gut unterhalten.

Ja Oma! Mohammad ist ein fleißiger Mann. 14.11.2018, 15.51 Uhr

Natürlich, wir können uns am Dienstag beim Seniorenheim treffen.
Ich werde die alten Menschen pflegen, ich werde es gut machen.
wie geht es meiner Oma heute?
Danke meine Oma,
Vielen Dank Moni-Oma
...Lukas

Nikolausfeier am 8. Dez. bei „Peters", ehemals EAE -
seit 1. August Dependance ANKER-Zentrum Manching / Ingolstadt.

Lieber Lukas, Mohammad und du seid wirklich zwei 14.11.2018, 18.15 Uhr
verwandte Seelen.
Heute hat mir R. gesagt (Sie gibt euch immer den Gottesdienstzettel in englischer
Sprache.), dass am Samstag, den 8. Dezember, am Vormittag, bei Peters wieder eine
kleine Nikolausfeier ist. Vielleicht gefällt es dir auch?
Für unseren Konversationstreff fassen wir einfach mal jeden Dienstag,
um 15.00 ins Auge. Geht es nicht, schreiben wir uns kurz eine E-Mail.
Ruhe dich gut aus, bis bald,
deine Moni-Oma

Vielen Dank meine Oma 15.11.2018, 16.05Uhr
Ja, sie gibt mir es jeden Sonntag, ich werde auch am
8.12. kommen. Wo bitte?
Vielleicht werde ich Pater P. besuchen.
Danke.........Moni-Oma!
...Lukas

Lieber Lukas, 15.11.2018, 17.35 Uhr

- die Nikolausfeier ist innen beim Haupteingang, am 8. Dezember um 10.30 Uhr.
  Ich würde auch kommen. Vielleicht schafft es auch Mohammad zu kommen.
- Wo besuchst du den Pater P.?
- Am Dienstag kann ich, um 15.00 Uhr, im Seniorenheim / Speisesaal mit dir
  etwas üben. Wenn du willst, kannst du den Text unserer E-Mails laut lesen. Das
  ist besser als ein fremder Text, weil er unser gemeinsames Leben darstellt.
  Außerdem prägt sich der Klang der Sprache dadurch gut ein.
- Warst du heute wieder mit J. arbeiten?

  Einen erholsamen Abend wünscht dir Moni-Oma

Das klingt gut. Ob Mohammed am 8.12 kommen könnte?   15.11.2018,21.31 Uhr
Ich werde im Dezember Pater P. besuchen,
doch ich weiß nicht genau wann. Selbst wenn ich Pater P. besuchen würde, wäre ich am 8.12. da.
Pater P. ist in H., einer Stadt in Bayern. Ich denke - dort werde ich ihn besuchen.
Ich brauche nicht den Text laut zu lesen, weil ich gut lese und meine Fehler selbst korrigiere.
Mohammad kann gut deutsch sprechen. Machst du ein Treffen möglich?
Oma, es freut mich.
Schlaf gut...Oma
...Lukas.

Lieber Lukas,   16.11.2018, 7.01 Uhr
vielleicht schreibst du Mohammad selbst, dass dich
seine Anwesenheit am 08.12. freuen würde.

Mein Vorschlag, den Text mit dir laut zu lesen, stammt aus meiner Lehrtätigkeit in der Schule. Auch deutsche Kinder lesen, abwechselnd, satzweise Geschichten laut vor.
Nur so wird die richtige Intonation einer Sprache klappen. Außerdem festigt sich der Sprachklang besser.
Da reicht bei jedem Treffen eine Viertelstunde. (Selbstverständlich suchen wir uns ein ruhiges Eckchen, wo wir allein sind!)
Dass ich jetzt schon deine Satzstellung verbessere ist Luxus, für Leute, die eine Sprache bereits gut können!
Ich habe diese Sätze wieder unterstrichen. Manchmal versteht man den Inhalt auch besser, wenn du aus einem langen Satz zwei kurze machst.
Heute fahre ich wieder nach München zu meinen Enkeln.
Einen schönen Tag wünscht dir
deine Moni-Oma

Ja, ich schreibe morgen Mohammad.
Der Vorschlag, dass ich den Text laut lesen soll, ist der beste.
Zur Frage, ob ich noch mit Frau J. arbeite: Nein, niemand hat mich angerufen. Ich denke, alles ist auf nächstes Jahr geschoben.
...Lukas

Hallo, lieber Lukas,   16.11.2018, 10.05 Uhr
an welchem Tag, genau, bist du nach Deutschland gekommen? Wo war das und wann bist du nach Waldkraiburg gekommen?

Wie hat dich Pater P. gefunden?

Herzliche Grüße von deiner Moni-Oma

Am 02.12.2018 feiern wir mit Lukas seinen 1. Geburtstag in Freiheit.
Herzlich Willkommen in Deutschland!

Am 2.12.2017 bin ich in Deutschland angekommen,   16.11.2019, 21.22 Uhr
und habe bei Maria P. in München Fingerabdrücke gegeben
und wurde am 12.12 nach Waldkraiburg transferiert. Danach, war ich im
Februar mit meinem Interview fertig gewesen und habe den Deutschkurs
angefangen.
Ich schrieb Pater P. durch Facebook, weil ich keine Handynummer hatte.
Mit diesem Tempo, werde ich mein Deutsch schneller verbessern.
Danke meine Oma.
...Lukas

Danke für die Mitteilung!   16.11.2018, 21.31 Uhr
Konntest du schon ein wenig deutsch sprechen, als du in Deutschland ankamst?

Mohammad lernte ich am 01.12.2015 bei Peters kennen.
Bis Juli 2016 arbeitete ich mit afghanischen und syrischen Kindern in der EAE. Dann
zog die Familie Mohammad`s nach Mühldorf.
Ein schönes Wochenende von deiner Moni-Oma

                                                            16.11.2018, 22.45 Uhr
Nein, ich konnte leider nicht sprechen, obwohl ich im Jahr 2013 für sechs
Wochen Deutsch gelernt hatte. Ich wollte dann mit Pater Peter auf Deutsch reden,
aber es war unmöglich.
Gut, ich habe im Buch über deine Arbeit bei Peters gelesen. Sehr gut.
Du bist jetzt in München. Wie geht`s Nikias und seinem Bruder Finn?
Gute Nachtruhe wünsche ich dir, meine Moni-Oma
...Lukas

                                                            16.11.2018,, 23.25 Uhr
Du hattest nur sechs Wochen Deutsch? Ich ernenne dich zum Sprachgenie,
Gratulation!
Meine Enkel sind drei Buben: Leo, Nikias und Finn. Letzte Woche hatten sie den
Norovirus. (Durchfall mit Erbrechen.) Jetzt ist es wieder gut.
Lukas - wir zwei gehen durch "dick und dünn". (Wieder ein deutsches Sprichwort.)
Deine Moni-Oma

Danke...meine Moni-Oma
Schade, aber gut zu hören, dass du in guter Gesundheit zurückgekommen bist.
Schlaf gut.
...Lukas

                                                            17.11.2018, 9.38 Uhr
Hallo Lukas,
Auch wenn vielleicht der eine oder andere Mensch lachen wird: Der Erfolg gibt uns
Recht. Jeden Tag sage ich morgens: "Lieber Gott, lass mich bitte den richtigen Weg
erkennen."
Ein deutsches Sprichwort sagt weiterhin: Kommt Zeit kommt Rat. Wenn dein
Praktikum nun auf Januar verschoben wurde, dann ist es halt so.
Wir können miteinander Schritt für Schritt gehen und ich freue mich sehr darüber.
Wollen wir am Dienstag unseren kleinen "Sprechtreff" vornehmen? Dienstag um 15.00
Uhr vor dem Seniorenheim?
Freu mich auf dich, Moni-Oma

Schön, dass du bald ein Jahr da bist!

Ja sicher, wir werden uns am Dienstag treffen.   17.11.2018, 22.35 Uhr
Schönen Sonntag, meine Oma.

Bis Dienstag um 15.00 Uhr vor dem Seniorenheim!   17.11.2018, 23.33Uhr
Oder - wäre für dich eine andere Uhrzeit besser –
falls du den Freiraum 36 aufsperren musst?
Gute Nacht wünscht dir Moni-Oma

Frohen Sonntag Moni-Oma, und wie   18.11.2018, 18.27 Uhr
geht es meiner Oma heute?
Ja, Dienstag ist für mich okay.
bis dann...
...Lukas

Bis dann! Am Dienstag bin ich um 15.00 vor dem   19.11.2018, 9.09 Uhr
Seniorenheim.
Freu mich auf dich,
deine Moni-Oma

Es wird nicht mehr zu unserer Nikolausfeier kommen! Der Supergau ist am 19.11.2018 eingetreten. Lukas muss am 22.11.2018 das ANKER-Zentrum verlassen.

Hallo Oma und guten Tag   19.11.2018, 15.20 Uhr.
Ja, wir treffen uns morgen um 15:00 Uhr.
Es gibt eine Not Oma. Ich habe gerade ein Transfer vom BAMF nach Bad
Aibling bekommen.
Das Datum ist am Donnerstag, 22.11.2018. Ich weiß nicht, was zu tun ist. Mein
Praktikum, Unterricht usw.…
Bitte denk darüber nach, ob ich den Transfer machen oder nicht akzeptieren soll.
Vielen Dank Oma!
...Lukas

Hallo, lieber Lukas,   19.11.2018, 17.58 Uhr

- ich habe mit Pater H. telefoniert. Er wird dir auf alle Fälle auch helfen.
- Morgen um 8.30 Uhr komme ich zu Peters und werde mit dem Stellvertreter von Herrn N. sprechen und mit der Sozialarbeiterin, Frau B.
- Den Rechtsanwalt brauchen wir nicht - der kostet nur Geld.

- Morgen werde ich mit Herrn B. und Herrn F. sprechen. Wir halten ganz fest zusammen! Um 15.00 treffen wir uns trotzdem im Seniorenheim, deine Moni-Oma

Ja......   19.11.2018, 17.59 Uhr
Meine Moni-Oma ist die beste...
Vielen Dank Oma..
Schlaf gut…
Lukas

                                                              19.11.2018, 19.31 Uhr
Situation in Bad Aibling:
Insgesamt leben derzeit 188 Asylbewerber in Bad Aibling!
Davon wohnen 48 Personen in 5 dezentralen Unterkünften. Eine weitere Wohnung wurde bereits angemietet und wird demnächst mit 8 Asylbewerbern belegt.

Lieber Lukas, so, wie es im Internet über Bad Aibling dargestellt wird, kümmert sich die Stadt sehr um Flüchtlinge. Vielleicht wäre das für dich als Verbesserung gedacht gewesen?
Aber - nachdem dir ja ein Praktikum von Herrn N. erlaubt worden war, habe ich eine neue Idee.
Da du schreibst, du könntest den Transfer ablehnen, könnten wir versuchen, ob es vielleicht auch eine Möglichkeit gäbe, dass du im Seniorenheim ein Zimmer bewohnen könntest. Weißt du wo Ali wohnt?
Jedenfalls gehe ich morgen ins Seniorenheim nachzufragen.

Schlaf trotzdem gut, deine Moni-Oma

Heute war ich im ANKER-Zentrum und habe mit der Sozialarbeiterin gesprochen. Der Transfer - am 22.11.2018 - nach Bad Aibling, ist anscheinend unumstößlich.

Hier endet das E-Mail-Tagebuch – aber nur für die Öffentlichkeit!

Privat haben sich - an einem einzigen Tag - schon wieder – drei wunderbare Zukunftsperspektiven aufgetan.

Positive Gedanken sind der Magnet für positive Geschehnisse!

„Lukas, deine Empathie für alte, kranke oder hilfsbedürftige Menschen ist keine Sackgasse. Du bist prädestiniert, mit deinem abgeschlossenen Studium der Wirtschaftswissenschaften und deinem positiven Charakter, den Finanz- und Wirtschaftssektor zukunftsweisend zu beeinflussen!
Es gibt viel zu tun, deine deutsche Moni-Oma."

Anhang:

Bleiben wir wachsam und wehrhaft für eine friedliche Welt!
Die Petitionen auf change.org. bieten eine gute Plattform dafür.

25.07.2018: Folter in Libyen

Mein Kommentar im Internet (Immer mit meinem vollständigen Namen!)

Liebe Leut, es hilft alles nix - wir müssen uns weiter für Mitmenschlichkeit einsetzen! Das ergreifendste Video und die geschichtliche Bildung, z. B. durch Wikipedia, helfen gar nichts, wenn Menschen wie Orban sie nicht verinnerlichen. Ungarn setzt sich aus Menschen zusammen, die vor 40 000 Jahren auf der "Balkanroute" aus dem Orient kamen und ihr Land gründeten. Wer opfert sich und gibt Nachhilfe in "Völkerwanderung"? Eure, fast verzweifelte, Friedenskünstlerin Moni.

25.07.2018: zu Abschiebungen nach Libyen

Mein Kommentar im Internet:

...und wieder sitze ich in meinem sicheren Büro und schaue nach den neuesten "Meldungen". Auf der einen Seite brauchen wir die Medien, andererseits stumpfen die meisten Leute ab, weil ihre Gier nach täglich noch grausameren Nachrichten erfüllt wird. Es ist schwer, sich aus diesem Sog zurückzuziehen. Wir hätten aber die "Macht" uns zu informieren und keine Partei zu wählen, die nach Libyen abschieben will.
Nur so können wir Menschen (nicht Dreck) würdig, mit Achtung behandeln. Eure ideelle Friedenskünstlerin Moni.

14.09.2018 – Petition auf change.org.
Der „Demokratiebus" fährt eine Woche durch Bayern und lässt aufgebrachte „Wutbürger" zu Wort kommen.

Mein Kommentar im Internet:

Es ist einfach wunderbar! Ihr hört sogar dem "Herrn" aus Altdorf zu, der sich in eine <u>Diktatur zurückwünscht</u>, ohne je darin gelebt zu haben. Er spricht für uns Frauen. Da kann ich nur sagen - für mich braucht er sich keinen Kopf zu machen - ich habe keine Angst, ohne fragwürdige Beschützer - nachts `rauszugehen. Klar, gibt es auch viele arme Deutsche, da mache ich keinen Unterschied. Welchem behinderten deutschen Kind bereitet dieser Herr Freude mit einem Zoobesuch? Welcher alten, gebrechlichen, deutschen Nachbarin geht er einkaufen? Kein Mensch zwingt ihn in einer Demokratie z. B. einem Migranten zu helfen. In unserer Demokratie darf er sogar seinen Käse reden, ohne dass ihm etwas passiert... Das ist unsere große, zu schützende Freiheit!

16.11.2018 - Abschiebungen nach Afghanistan

Mein Kommentar im Internet:

Niemals entmutigen lassen!!! Meine Familie war, 1948, auch auf der Flucht gewesen und hat mir Humanität "eingepflanzt". Nach meinem Buch: "Ja, ich bin ehrenamtlich, nicht blöd", kam mir die Idee, meine E-Mail-Adresse mit einem jungen, fremden Mann aus Nigeria zu tauschen. Anfangs schrieb er mir max. drei Zeilen und bereits nach einem Monat eine halbe Seite in deutscher Sprache. Einfach so, wie das unter empathischen Menschen so ist. Wie wäre es, wenn viele Menschen, von Herz zu Herz, mit jeweils einem Flüchtling, z. B. aus den sog. ANKER-Zentren, liebe Worte der Solidarität austauschte. Mich macht es unendlich glücklich, dieses kleine unbürokratische Zeichen der Solidarität - und ich brauche kein einziges Formular! Einfach nachmachen... Eure ideelle Friedenskünstlerin Moni.

Mein Lebensmotto lautet: Die Würde des Menschen ist unantastbar. Deshalb lebe ich für Frieden und Gerechtigkeit aller Menschen.

Weil ich in Deutschland wohne, ist, laut Grundgesetz, meine Menschenwürde unantastbar.
Ich habe die „Wahl", mit Hirn und Herz selbst zu entscheiden, ob ich mich zum Mitläufer degradieren lasse...

Filmtitel: „Die Wilden" in den Menschenzoos.

Am 29. September 2018 zeigte der Fernsehsender ARTE eindrucksvoll, wie - bis 1940 - Menschen (z. B. im Tierpark Hagenbeck), als „Affen" ausgestellt wurden und ihnen somit jede Menschenwürde genommen wurde.
Dieser Dokumentarfilm zeigt, wie Rassismus populär und alltäglich wurde und ist sehr zu empfehlen.

30.09.2018   Moni Bachmann-Wagner

                                                               Friedenskünstlerin, Stilpluralistin

Zeitungsartikel: in den

Waldkraiburger Nachrichten und im

Mühldorfer Anzeiger

von Frau Andrea Klemm

„Je älter man wird, desto mehr Mut muss man entwickeln", sagt Friedenskünstlerin Moni Bachmann-Wagner. Ihre positiven Erfahrungen in der Flüchtlingsarbeit hat sie in dem Buch „Ja, ich bin ehrenamtlich, nicht blöd" niedergeschrieben. kla

Erfahrungen in der Flüchtlingsarbeit – 06.10.2018

Waldkraiburg – „Flüchtlingskrise" ist ein viel strapaziertes Wort, das Moni Bachmann-Wagner nicht mehr hören kann.

Sie engagiert sich ehrenamtlich in der Asyl-Sozialarbeit und will das Resümee „ihrer erfolgreichen Flüchtlingsarbeit" mit einer afghanischen Familie mit der Öffentlichkeit teilen, um anderen Ehrenamtlichen Kraft zu geben und Mut zu machen, wie sie sagt. Ihr Buch „Ja, ich bin ehrenamtlich, nicht blöd" ist ab sofort bei Books on Demand (BoD) bestellbar. Die Afghanen lebten zuerst in der Erstaufnahme-Einrichtung in der Aussiger Straße und wohnen nun in Mühldorf. Bachmann-Wagner unterstützte sie, damit die Eltern Arbeit finden und die Kinder in die passenden Schulen kommen. So sei beispielsweise der 16-jährige Bub so begabt, dass er am Ruperti-Gymnasium hervorragende Noten schreibt und ein Stipendium erhielt. Nun hilft er als ehrenamtlicher Sprachlehrer aus, weil er etwas zurückgeben will. Selbst als der Familie die Abschiebung nach Kabul drohte, habe Bachmann-Wagner, die einen starken Glauben hat, nicht aufgegeben.

Mit ihrer positiven Lebenseinstellung sagt sie, „ich hätte das Doppelte geschafft, wenn mich nicht Ämter und Behörden gebremst hätten". Die politisch angeheizte Hetze, etwa in den sozialen Medien, verwirre die Menschen. „Hass kann nur Hass ernten. Liebe dagegen erntet Liebe" ist ihre Botschaft. Die Menschen sollten zusammenhalten und sich nicht spalten lassen. kla

Googeln Sie bitte einfach: Bücher von Moni-Bachmann-Wagner, danke.